Ein Lamm namens Liebe

Von : Milly Bennitt-Young

Illustrationen von : Bishoy Gendi

Übersetzung von: Anne Reising

Herausgeber : Shereen Tadros

Produziert von Seraph Creative

SeraphCreative
Heaven's Heart for Earth

Anmerkung der Autorin

Ein Lamm namens Liebe ist eine unkonventionelle Nacherzählung der Schöpfungsgeschichte und des Evangeliums. Ich hoffe, dass dieses Buch jede Vorstellung davon zerbricht, dass Gott in eine Box unseres eigenen Verstandes passen könnte.

Es wurde nach einer Vision geschrieben, die ich hatte, als ich in Hong Kong lebte. Ich war voller Staunen über Gottes Liebe und Gnade mir gegenüber und wie uns all das bevollmächtigt, mit dem Himmel zusammenzuwirken. Diese Offenbarung hat eine Sehnsucht entzündet, zukünftige Generationen von Weltveränderern einzuladen sich auf eine Abenteuerreise zu begeben, hinein in eine erlebbare Beziehung mit der Dreieinigkeit und gegründet in der Sicherheit, Liebe zu kennen.

Es war wunderbar mit Bishoy zusammenzuarbeiten, der es geschafft hat, die Extravaganz und das Wunder der Dreieinigkeit einzufangen.

Ich hoffe, du genießt beim Lesen das Abenteuer und tauchst selbst hinein,

Milly

Ein Lamm namens Liebe

Vor Anbeginn der Zeit und Stunde
und den Sternen hoch oben
Papa und Geist sangen mit Liebe zusammen.

Obwohl es so dunkel war, wie die dunkelste Nacht,
knipste ihr wunderschöner Gesang das Licht an.

Zusammen erschufen sie die Flüsse und Himmel,
die Berge und Wälder, die fliegenden Vögel.

Doch nur der Mann war so wie sie,
Papas wahres Meisterwerk, Liebes größter Juwel.

Sie zeigten Mann die Tiere
  - die Großen und die Kleinen.

Mit Papa an seiner Seite
  gab er jedem einen Namen.

Dann, als er schlief,
    machten sie aus seiner Seite

eine Frau zum Lieben
    - eine Gleichwertige; eine Braut.

Mann und Frau waren so glücklich und froh.
Als Papas beste Freunde waren sie nie traurig.

Dann kam die Schlange und flüsterte ihre Lüge.
Sie wollte, dass Mann und Frau sterben.

Als sie ihr glaubten,
    dachten sie, alles sei verloren.

Doch Liebe
    hat alles in Ordnung gebracht;
    auch wenn es sehr viel kostete.

Das Lamm namens Liebe starb für dich und für mich,

gab uns neue Herzen und neue Augen zum Sehen.

Geist hauchte in Liebe hinein,

brachte ihn ins Leben zurück.

Damit wir frei sein können

von Kummer und Streit.

Liebe erzählt die Wahrheit
und gab ein Versprechen.

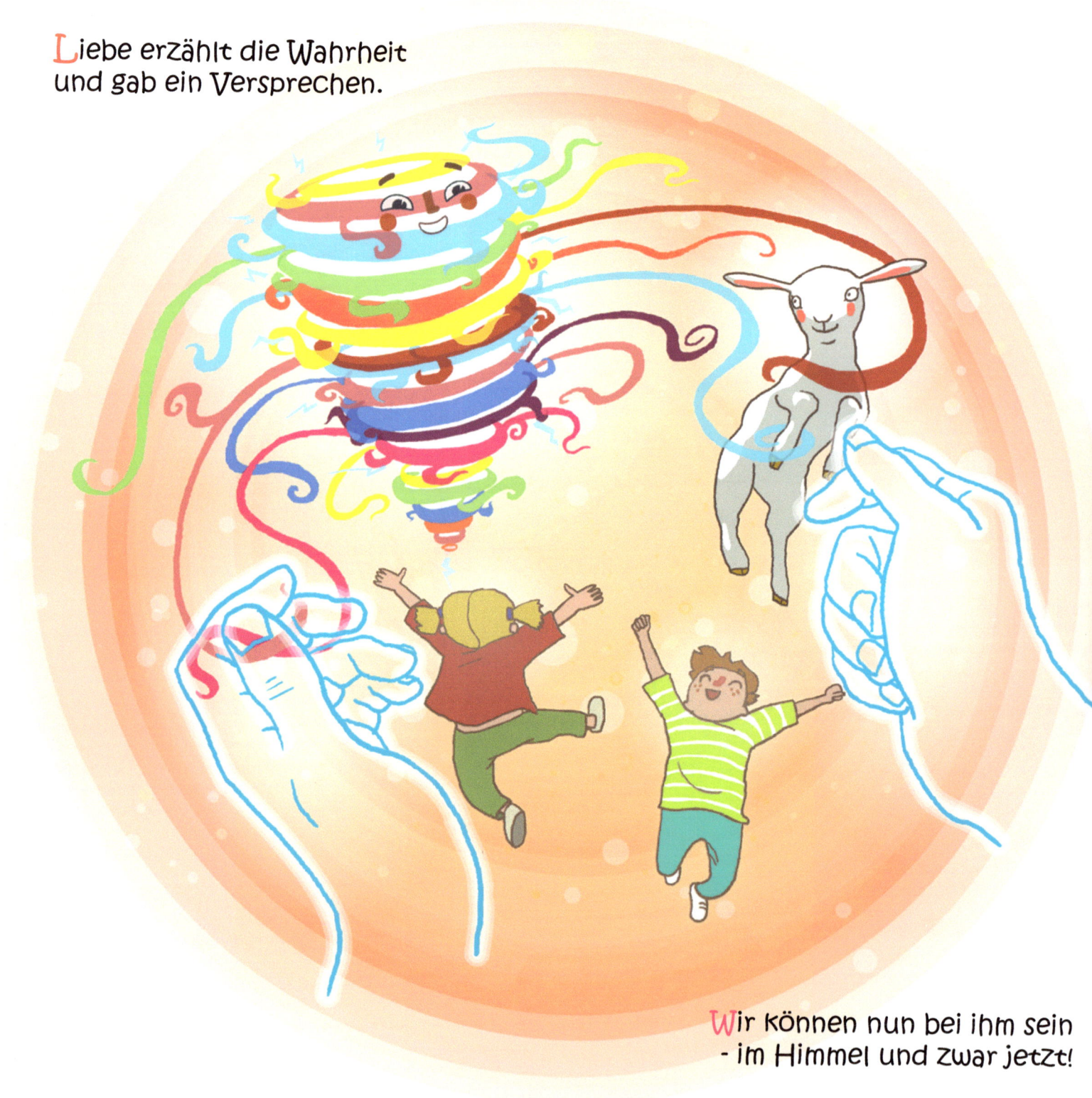

Wir können nun bei ihm sein
- im Himmel und zwar jetzt!

Er sitzt mit Papa
auf einem goldenen Thron.

Weil er mit uns ist,
sind wir niemals allein.

Doch die Schlange versucht
immer wieder zu stehlen und zu tricksen.

Sie erzählt weiter Lügen
und macht Menschen krank.

Liebe gab uns Kraft,
    jetzt muss die Schlange fliehen.

Sie ist ein Schwächling
    verglichen mit dir und mit mir!

In einer Flasche sammelt
    Liebe all deine kostbaren Tränen.

Er nimmt Sorgen weg
    und jagt Ängste davon.

Liebe ist unser König und unser bester Freund.
Die Party hat begonnen und hört niemals auf.

Alle Engel tanzen zusammen,
singen ein neues Lied, lachen für immer!

Und immer noch singen sie alle ihr fröhliches Lied.
Ein Lied, das uns daran erinnert, wohin wir gehören.

Ein Lied so wunderschön, vergnügt und wild...

"Denk immer daran,
Ich liebe dich mein Kind"

Ein Lamm namens Liebe

Milly Bennitt-Young

Milly lebt derzeit im Süden von England. Sie hat schon an diversen Orten auf der Welt gelebt und die Liebe Gottes geteilt. Milly genießt tägliche Begegnungen mit Gott im Himmel und auf der Erde. Ihre Hoffnung ist es, Kinder zu inspirieren, in die Realität des Himmels hineinzutreten. Geliebt von einem freudigen Gott, sollen sie sich befähigt und eingeladen fühlen, ihn in seiner ganzen Fülle zu erleben und auf ihrer Reise auf den Wegen von Liebe zu wandeln.

Du kannst Milly und ihre Reise verfolgen auf
www.cabinacademy.com

Bishoy Gendi

Bishoy ist ein Illustrator und Animator, lebt und arbeitet in London und liebt es, Geschichten und Charaktere zum Leben zu erwecken. Er ist mit einer wunderbaren Frau verheiratet und hat drei wunderschöne kleine Mädchen.

Du kannst Bishoy folgen auf
www.bishoygendi.blogspot.com

Seraph Creative

Seraph Creative ist ein Kollektiv bestehend aus Künstlern, Schriftstellern, Theologen und Illustratoren, die es auf dem Herzen haben zu sehen, wie der Leib Christi in die volle Reife kommt und in ihr Erbe als Söhne Gottes auf der Erde hineintritt.

Du kannst uns kontaktieren oder schau dir unsere neusten Ressourcen an auf
www.seraphcreative.org

Eine Anmerkung des Herausgebers:

"Ein Lamm namens Liebe" ist ein bedeutsames Buch. Empfangen in einer Vision in Sai Kung, Hong Kong; beendet in Sydney, Australien; illustriert in London, England; formatiert auf der Insel Patmos, Griechenland (bekannt aus der Offenbarung) und in der alten Stadt von Smyrna/Izmir, Türkei (ebenfalls bekannt aus der Offenbarung), formatiert für den Druck in Kapstadt, Südafrika und schlussendlich in ein eBook umgewandelt in Arizona, USA.

Es ist ein Privileg mit Milly und Bishoy zusammenzuarbeiten und wir hoffen, dass es noch mehr wird. Wir wissen, dass "Ein Lamm namens Liebe" dich und deine Kinder noch mehr für die Liebe und die Realität der Dreieinigkeit öffnen wird.

Jetzt verfügbar als eBook für

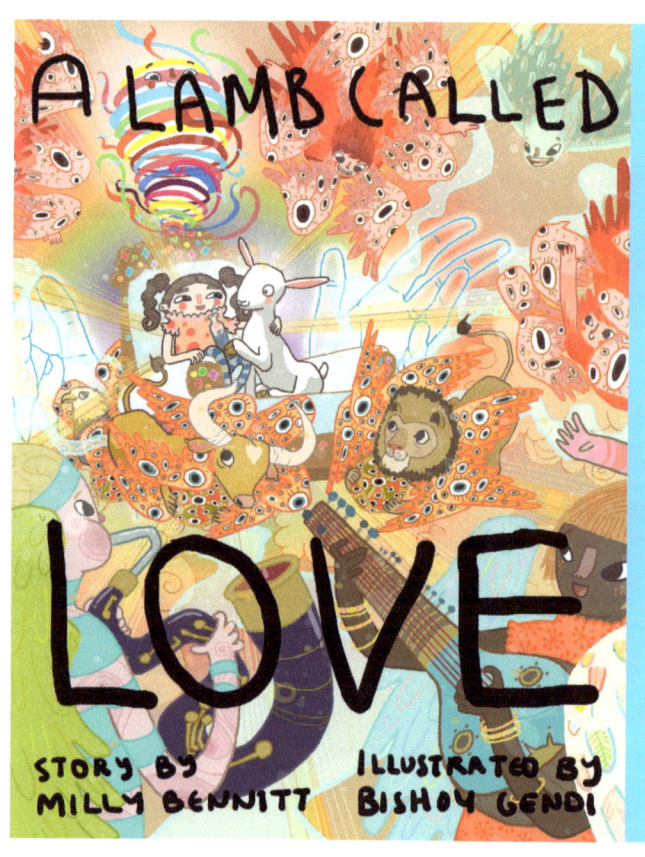

A LAMB CALLED LOVE

STORY BY MILLY BENNITT

ILLUSTRATED BY BISHOY GENDI

Apple iBooks
Amazon Kindle
und jedes Gerät mit der
Amazon Kindle App.

www.ingramcontent.com/pod-product-compliance
Lightning Source LLC
Chambersburg PA
CBHW041450120626
46547CB00002B/396